laberinto

La colección Experia ha sido creada por Beniamino Sidoti
Textos: Beniamino Sidoti
Ilustraciones: Desirée Gedda
Diseño y maquetación: Daniela Rossato
Redacción: Martina Boschi
Búsqueda iconográfica: Claudia Hendel, Elisabetta Marchetti, Beniamino Sidoti

Fotografías:
Getty Images: © Ron Dahlquist p. 37a; © SPL p. 39bd; © AFP PHOTO / MICHAL CIEZK pp. 42, 47b.
Fotolia: © Vector backdrop pp. 4-5, 18-19; © Sailor pp. 5a, 38cd; © sergojpg pp. 5b, 30-31, 38as; © Fexel
pp.8-9; © mmWiese p. 9; © antonsov85 p. 17; © zeusko p. 19a; © Nenov Brothers p. 19c; © Fotoschlick
p. 19b; © oleksandr Kotenko pp. 24-25; © Tryfonov p. 26; © Smileus pp. 26-27; © Sabphoto p. 27b;
© pat_hastings p. 29a; © sveta p. 29c; © sadin jusoh p. 29b; © Imagenatural p. 31a; © Николай Григорьев
p. 31cd; © Devyatkin S. p. 31b; © desingua p. 32; © jannoon028 p. 33a; © Mopic p. 33b, 34; © Omid
Mahdawi p. 35; © Clouds And Rainbow p. 36; © Dusi Puffi p. 37b; © Viktor Cap 2013 p. 39a; © Johan_
Swanepoel pp. 40-41; © jacinda richman p. 41a; © ronnihauks pp. 42-43; © Tony Taylor p. 44; ©v0v p. 45a;
© AsgardEntrance_Gylphi_1874_www.neo-cortex.fr p. 45c; © jackhollingsworth.com p. 45b; © rigamondis
p. 46; © STEVE ALLEN-mrallen p. 47a.
Shutterstock: © Wan Norazalini Wan Hassan pp. 28, 41b.

El editor se declara dispuesto a regularizar los posibles honorarios de aquellas imágenes de las que no ha
sido posible rastrear la fuente.

Se recomienda que los experimentos contenidos en este libro se lleven a cabo con la ayuda de un adulto.

Título original: *Costruire un arcobaleno*
© 2014 Giunti Editore S.p.A. Firenze - Milano
www.giunti.it

Dirección editorial: Juan José Ortega
Traducción: Mª Jesús Recio Villalar
© 2017 Ediciones del Laberinto, S. L., para la edición mundial en castellano.

ISBN: 978-84-8483-895-1
Depósito legal: M-3728-2017
EDICIONES DEL LABERINTO, S. L.
www.edicioneslaberinto.es
Impreso en España

USA LA CABEZA, JUEGA CON LAS MANOS

Construir un arcoíris

laberinto
ciencia

ÍNDICE

EL ARCOÍRIS PASO A PASO

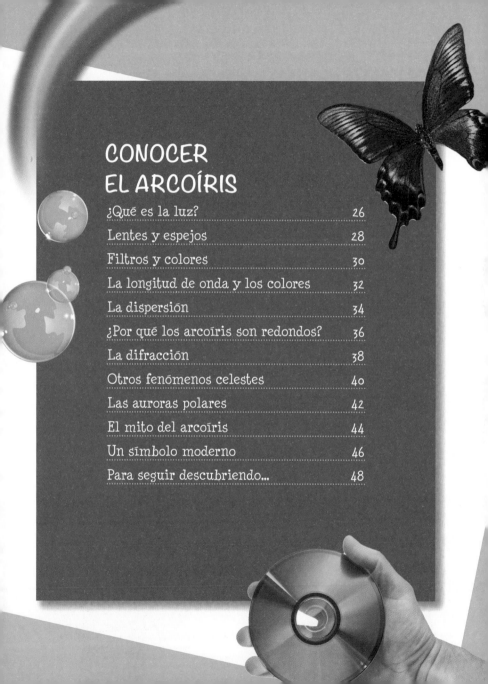

CONOCER
EL ARCOÍRIS

Para empezar...

En estas páginas encontrarás todas las instrucciones necesarias para recrear un arcoíris. De este modo aprenderás cómo se propaga la luz en el aire. Para reproducir un arcoíris podrás servirte en gran parte de materiales que se pueden conseguir con facilidad en casa. Como tendrás que utilizar agua, ¡recuerda que tienes que pedirle permiso a un adulto! Hazte con el material indicado aquí abajo y... ¡que te diviertas!

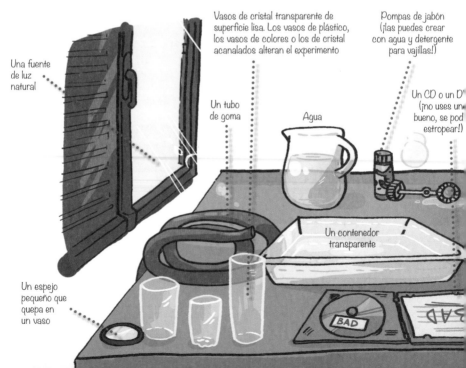

Vasos de cristal transparente de superficie lisa. Los vasos de plástico, los vasos de colores o los de cristal acanalados alteran el experimento

Pompas de jabón (¡las puedes crear con agua y detergente para vajillas!)

Una fuente de luz natural

Un tubo de goma

Agua

Un CD o un DVD (¡no uses uno bueno, se podría estropear!)

Un contenedor transparente

Un espejo pequeño que quepa en un vaso

¿QUÉ ES UN ARCOÍRIS?

El arcoíris es un experimento «natural»: a veces la luz «se descompone» en los diferentes colores que forman el haz de luz. Es un fenómeno conocido desde siempre y que ha llevado a grandes descubrimientos en el campo de la física y a que podamos conocer mejor la naturaleza. Existen diversas maneras de descomponer un rayo luminoso en sus colores: aquí aprenderás a hacerlo con agua y con un CD. Los dos principios que vas a descubrir se llaman refracción y difracción.

CUANDO USES AGUA PIDE SIEMPRE **PERMISO** A UN ADULTO

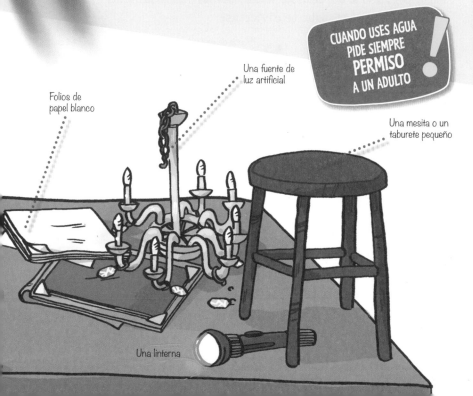

Una fuente de luz artificial

Folios de papel blanco

Una mesita o un taburete pequeño

Una linterna

¿Dónde se encuentra un arcoíris?

El arcoíris es un fenómeno óptico, esto quiere decir que se ve pero que «no está». Es un efecto de luces que no se puede tocar, ni conservar ni construir.

Es muy posible que hayas visto un arcoíris al dejar de llover: el arcoíris «natural» necesita tanto la **luz** como el **agua**. Los rayos de sol pasan a través de las gotitas de agua que están en el aire y la luz se divide en sus diferentes colores.

En esta foto puedes ver cómo, con la luz exacta, las grandes cascadas pueden dar vida a espléndidos arcoíris.

¡EL PODER DEL AGUA!

Para encontrar un arcoíris hace falta un rayo de luz (a la izquierda), algo que descomponga la luz (por ejemplo la gota de agua que se ve en el centro) y una superficie sobre la que se proyecte el arcoíris (en el aire, por lo general, pero tiene que haber otras gotas de agua ¡si no, no veremos nada!).

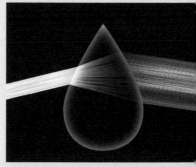

1ᵉʳ experimento: con la lluvia

1 La manera más fácil de hacer un arcoíris es reproducir lo que ocurre en la naturaleza. Necesitarás un jardín, un día soleado, un tubo de plástico para unirlo a un grifo y permiso para mojar un poco el suelo.

¡ATENCIÓN! QUE TE INDIQUEN DÓNDE PUEDES USAR EL AGUA

2 Une el tubo al grifo y abre el agua.

3 Pon el dedo delante del extremo libre del tubo, de modo que puedas controlar el flujo de agua y pulverizarla en forma de abanico.

4 Localiza la zona del jardín más soleada: la luz debe llegar directa. Luego colócate de espaldas al sol.

5 Abre el agua, procurando «cortar» los rayos de sol con una salpicadura de agua en abanico, no demasiado fuerte. Después de probar un poco, se formará un arcoíris justo sobre el chorro de agua.

2° experimento: con un vaso

1 Para hacer un arcoíris se necesita agua: una gota o un poco más. Lo importante es que la luz pueda atravesarla. Toma un vaso y llénalo unos dos tercios.

2 Si hace un día luminoso, pont junto a una ventana por la que entre: los rayos de sol. Coloca el vaso d manera que lo atraviese el haz de lu que entra por la ventana.

3 Cambia la posición del vaso hasta que aparezca un pequeño arcoíris. Para mejorar su aparición puedes usar un folio de papel blanco como fondo sobre el que proyectarlo.

4 Puedes hacer un arcoíris con cualquier tipo de luz, es decir, también por la tarde o en un día lluvioso. Llena 2/3 de un vaso de agua, pon dentro el espejito y colócalo delante de la ventana.

5 Deja la habitación a oscuras apagando las luces, cerrando las ventanas y bajando las persianas. Enciende después la linterna e ilumina el espejito.

6 Prueba a cambiar la inclinación del rayo de luz (es decir, de la linterna) y del espejito, hasta que veas aparecer un pequeño arcoíris. En lugar del vaso, también puedes utilizar un contenedor transparente más grande (lleno de agua hasta la mitad), ¡así podrás inclinar más el espejo!

3ᵉʳ experimento: con un prisma

1 Consigue un prisma o algo que funcione como tal: servirá un cristal, incluso de bisutería o una lágrima de una vieja lámpara de araña. Pide ayuda a tus padres y deja que te aconsejen.

2 Ponte cerca de una fuente de luz y prueba a captar el rayo con el cristal. Busca dónde aparece el arcoíris, qué forma tiene y si hay más de uno.

3 El cristal cumple la misma función que las gotas de agua, cambiando la dirección de la luz. ¿Cómo son estos arcoíris? ¿Son más grandes o más pequeños que los que se obtienen con un vaso de agua?

4 La luz entra por tus ventanas de una manera regular, según la hora del día. Si quieres, puedes construir un «reloj de arcoíris». Si colocas un cristal cerca de la ventana, se formarán arcoíris distintos según la hora del día. De este modo, estudiando un poco los diversos tipos, podrás entender qué hora es ¡simplemente observando el arcoíris que se ha creado!

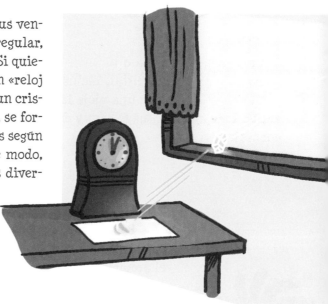

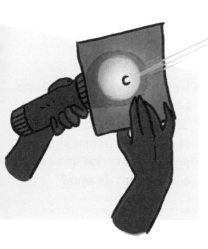

5 Puedes probar también a iluminar el cristal con la linterna. Si no obtienes buen resultado, haz pasar la luz a través de un pequeño agujero en el centro de un folio de papel.

4º experimento: con un CD

1 Consigue un CD o un DVD y busca un lugar bien soleado.

2 Pon el lado inferior del CD (el que no tiene la etiqueta) bajo la luz directa del sol. En la superficie del CD verás aparecer los colores del arcoíris.

3 Ahora prueba a usar el CD como si fuera un espejo y mira a ver si, al inclinarlo, logras proyectar arcoíris por la habitación.

4 También puedes hacer un experimento dejando la habitación a oscuras y usando una linterna en lugar de la luz solar.

¿QUÉ DIFERENCIA HAY ENTRE UN CD Y UN DVD?

Tanto los CD como los DVD son «soportes de memoria de tipo óptico», es decir, son archivos de información hechos para ser leídos por medio de un rayo de luz muy preciso (llamado rayo láser). Cuando están grabados, ambos discos tienen pequeñas señales que son leídas por el lector óptico. El CD se inventó primero, en 1982, y su nombre significa «Compact Disc», es decir, disco compacto. El DVD, en cambio, es un «Disco Versátil Digital» y fue inventado en 1995: tiene mayor capacidad y es más «versátil» porque puede contener incluso películas.

Otras formas de encontrar y crear arcoíris

Como has podido ver en los experimentos que hemos propuesto, existen muchas maneras de realizar un arcoíris: usando agua, un prisma, ¡e incluso con un CD o un DVD! Pero existen muchos otros sistemas para recrear este maravilloso fenómeno. Mira a tu alrededor: ¿en qué otros lugares puedes encontrar arcoíris?

POMPAS DE JABÓN

La película de jabón también origina pequeños arcoíris: los puedes ver claramente en una gota de jabón líquido o en la superficie de las pompas de jabón... ¡Prueba a hacerlas y lo verás!

GOTAS DE AGUA

Si les da la luz con la inclinación idónea, las gotas de agua también pueden proyectar un pequeño arcoíris.

GAFAS

También las lentes de las gafas pueden separar la luz y crear matices de todos los colores.

MANCHAS EN EL ASFALTO

Puede ocurrir, en especial después de una tormenta o tras un accidente, que veas manchas de colores en el asfalto: pueden deberse al cerco de un jabón o a un derrame de carburante.

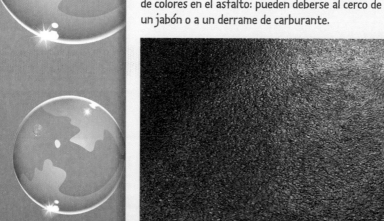

Cómo mejorar tu arcoíris

Ahora que has aprendido cómo hacer un arcoíris, puedes dedicarte a mejorar cada vez más sus características. ¿Te gustaría que fuera más grande, más luminoso o de otros colores?

¿CÓMO HACER UN ARCOÍRIS MÁS GRANDE?

Los que has probado hasta ahora son «proyectores» de arcoíris. Para realizar uno más grande bastará con alejar el proyector del punto en que se refleja nuestro arcoíris y acercarlo progresivamente a la fuente de luz. El principio en que se basa este fenómeno es el mismo que el de las sombras: ¿qué ocurre cuando acercas tu mano a la luz? ¿Y si la acercas a la pared sobre la que proyectas la sombra?

UTILIZA UN VASO DE AGUA MÁS GRANDE. PRUEBA A PROYECTAR EL ARCOÍRIS MÁS LEJOS.

¿CÓMO HACER UN ARCOÍRIS MÁS LUMINOSO?

La calidad y nitidez del arcoíris depende mucho de lo que estés usando para crearlo. Examina, entre los diversos métodos, cuál es el que te provoca mayor satisfacción e intenta mejorarlo. Los cristales y las superficies más brillantes y limpias hacen que el arcoíris sea más luminoso. Otra forma de que la luz sea más visible es proyectarla en la oscuridad: puedes hacerlo, por ejemplo, usando una caja, haciendo que pase el arcoíris por una abertura y observando el resultado por un agujero.

¿CÓMO HACER UN ARCOÍRIS DE COLORES DIFERENTES?

Los colores originados por un rayo de sol son siempre los mismos. Pero según el tipo de materiales que emplees puedes obtener un color más rojo, o más violeta... La distribución de los colores también cambia si se modifica el tipo de luz: por ejemplo, una luz de neón produce una luz distinta a la solar.

¿Qué es un espectroscopio?

Existe un aparato que utilizan los científicos para «producir» arcoíris: es el espectroscopio. Es muy preciso y sirve para medir un **espectro luminoso,** es decir, el resultado de la descomposición de un rayo de luz en cada uno de los colores que lo componen. Se obtiene al recoger sobre una superficie blanca la luz que sale de un prisma sobre el que incide un rayo luminoso. Se llama **espectro de emisión** el que produce la fuente luminosa y **espectro de absorción** el producido después de que la luz atraviese cualquier sustancia.

LOS COLORES DEL ARCOÍRIS

Los colores que el ojo humano puede percibir en el espectro visible son: rojo, naranja, amarillo, verde, azul, añil y violeta... ¡Los colores del arcoíris!

A través del catalejo, el científico puede observar el espectro luminoso.

El prisma permite la descomposición del rayo de luz. Existen también los llamados **espectroscopios de difracción,** que en lugar del prisma utilizan un «retículo» (de ello hablaremos más adelante).

Estas luces iluminan una rejilla graduada que sirve para proporcionar medidas exactas.

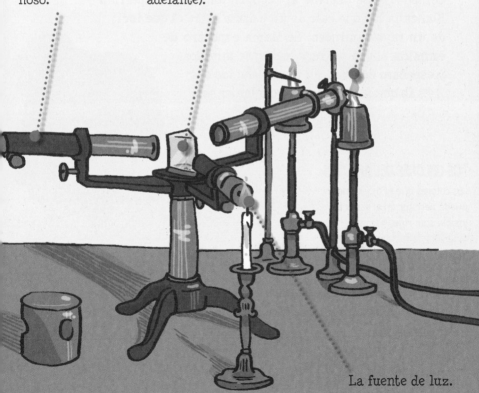

La fuente de luz.

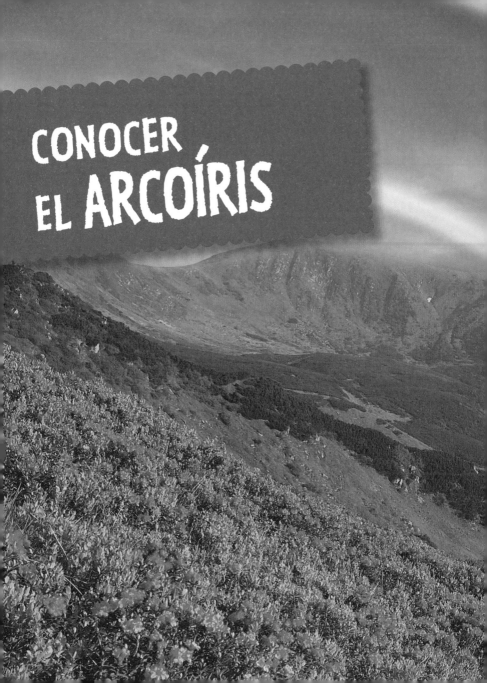

CONOCER EL ARCOÍRIS

¿Qué es la luz?

A pesar de que la usamos a diario y de que forma parte de nuestras vidas, la luz es algo muy difícil de definir, incluso para los científicos y los físicos. Existen muchas teorías sobre la luz, pero hasta ahora nadie ha conseguido definirla con exactitud.

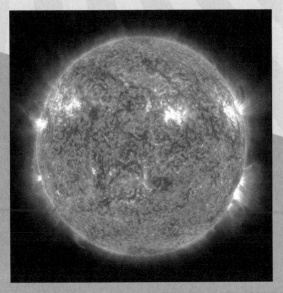

LA LUZ DEL SOL ES DEMASIADO FUERTE, POR LO QUE ES DIFÍCIL FOTOGRAFIARLA. UNA SOLUCIÓN PUEDE SER EL USO DE FILTROS, AUNQUE ALTERAN BASTANTE EL RESULTADO DE LA FOTOGRAFÍA.

Nuestra principal fuente de luz es el **sol:** para dibujarlo fácilmente, es probable que hagas un círculo rodeado de muchas líneas… y sin embargo el sol, en una foto tomada con filtros protectores, tiene el aspecto de la imagen que ves aquí arriba.

LOS RAYOS DE LUZ

Si, en cambio, observas el sol a través de las copas de los árboles, lo verás como en la imagen superior. Realmente parecido al círculo rodeado de rayos…

LA ÓPTICA

La luz se mueve en rayos: líneas invisibles que llevan la luz, sea esta lo que sea, directamente desde una fuente hasta nuestros ojos. Cuando encuentra un espejo o una superficie reflectante, la luz rebota. Entonces, ¿por qué al pasar a través del agua hace cosas extrañas como el arcoíris? ¿Cómo funcionan las lentes de las gafas o las lupas? La ciencia que estudia estos y todos los fenómenos de la luz se llama «óptica».

Lentes y espejos

Cuando la luz toca un espejo, se refleja (es decir, «rebota» y retrocede); cuando encuentra una superficie transparente, la atraviesa. Pero las cosas no son tan sencillas: una curvatura en la superficie puede cambiar la imagen, deformándola o haciéndola más clara.

UN REFLEJO EN UNA SUPERFICIE CURVADA PROVOCA UNA DEFORMACIÓN DE LA IMAGEN.

LA REFRACCIÓN

Las pajitas en este vaso parecen más grandes en la parte sumergida y dan la sensación de partirse en dos al nivel del agua: al pasar del aire al agua, la luz cambia de velocidad y de dirección. El objeto que vemos es el mismo, pero parece distinto porque cambia el modo en que se mueve la luz y lleva las imágenes a nuestros ojos.

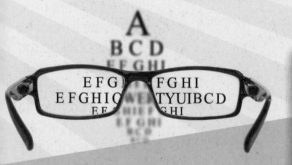

GAFAS

También un cristal (o un plástico transparente) cambia el modo en que vemos las cosas: es el principio por el que funcionan las lentes, inventadas en la Edad Media y usadas desde entonces para crear gafas, telescopios, microscopios y objetos de todo tipo. La imagen se modifica gracias a la curvatura del cristal: cuando la luz lo atraviesa cambia ligeramente su dirección, y puede hacer la imagen más grande, más pequeña o más definida.

ESPEJOS USTORIOS

Una lente puede servir también para concentrar los rayos en un único punto, alcanzando temperaturas tan altas como para encender un fuego. Es el principio de los «espejos ustorios»: espejos para quemar.

Filtros y colores

Cuando un haz de luz pasa a través de un cristal de colores parece como si «tomara» ese color. Los materiales de este tipo se llaman filtros, porque detienen parte de la radiación luminosa y dejan pasar otra parte, por ejemplo de un determinado color.

FOTO Y ESCENA

Los filtros se usan para protegernos de luces demasiado fuertes…

para crear las luces de un escenario…

para hacer fotos con colores especiales.

La longitud de onda y los colores

La luz es transportada por una **onda electromagnética.** Como todas las ondas, también esta se puede describir en base a la **longitud de onda,** es decir, a la distancia entre dos crestas de onda, o bien en base a la **frecuencia de onda,** es decir, el número de crestas de onda en un segundo. Y como la velocidad de la luz es constante, ¡estamos hablando de lo mismo! La unidad de medida de la longitud de onda es el **nanómetro.** Cada color corresponde a una determinada longitud de onda de la luz: el rojo tiene una longitud de onda en torno a los 700 nanómetros, superior a la del violeta, que está en torno a los 400.

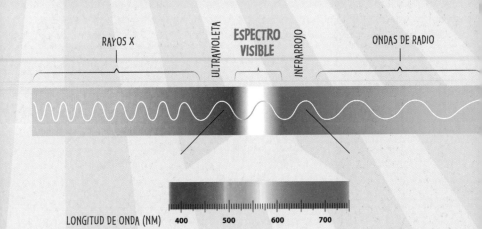

RAYOS X   ULTRAVIOLETA   ESPECTRO VISIBLE   INFRARROJO   ONDAS DE RADIO

LONGITUD DE ONDA (NM)   400   500   600   700

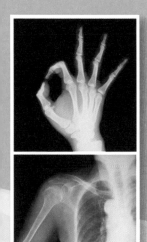

INFRARROJO Y ULTRAVIOLETA

El ojo humano no alcanza a ver longitudes de ondas superiores a los 740 nanómetros o inferiores a 380: esta zona es el llamado **espectro visible,** que cambia ligeramente en cada persona (y cambia bastante según la especie animal). Por encima de los 740 nanómetros se encuentra la región del infrarrojo y por debajo de los 380 la del ultravioleta: son «colores» que no vemos.

UN ESPECTRO AMPLIO

Todavía por encima del ultravioleta se encuentran los **rayos X:** rayos de corta longitud de onda que se usan para hacer radiografías (como puedes ver en las imágenes de aquí arriba). En la zona por encima del infrarrojo se encuentran todas las **frecuencias de radio,** usadas para las transmisiones de señales por satélite, televisiones, radares y teléfonos.

LA ATMÓSFERA, UN FILTRO NATURAL

Parte del espectro luminoso es dañino para los seres vivos: si existe vida sobre el planeta Tierra es también gracias a la atmósfera, que filtra gran parte de la luz solar y nos protege de determinados tipos de rayos nocivos, entre ellos los ultravioleta. ¡Aun así, es necesario ponerse un buen protector solar cuando tomamos el sol!

La dispersión

Cuando la luz atraviesa un prisma o pasa del aire al agua y viceversa, sufre, como hemos visto, una desviación de su trayectoria. Pero esta desviación no es siempre la misma sino que depende de la longitud de onda, es decir, del color. El rojo, por ejemplo, se desvía menos que el azul y lo hace con un ángulo distinto: lo que era un rayo blanco **se dispersa** en un abanico de todos los colores.

¿DÓNDE APARECE EL ARCOÍRIS?

El arcoíris se forma en el lado opuesto al sol y con un ángulo de 40° - 42° respecto a la línea entre la cabeza y la sombra de quien lo observa. Si el sol está por encima de esos 42° el arcoíris no aparece, y al contrario, si el sol está bajo (respecto al observador) el arcoíris podrá aparecer más amplio y alto.

VOLVAMOS AL ARCOÍRIS

Ahora tenemos todos los elementos para entender esta maravilla: el arcoíris se produce en la naturaleza tras una tormenta, cuando en el aire se vaporizan muchas gotas pequeñas. De hecho, como ya has visto, para obtener un arcoíris se necesita luz y agua.

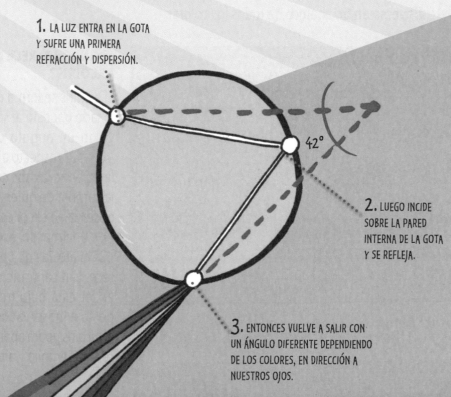

1. LA LUZ ENTRA EN LA GOTA Y SUFRE UNA PRIMERA REFRACCIÓN Y DISPERSIÓN.

42°

2. LUEGO INCIDE SOBRE LA PARED INTERNA DE LA GOTA Y SE REFLEJA.

3. ENTONCES VUELVE A SALIR CON UN ÁNGULO DIFERENTE DEPENDIENDO DE LOS COLORES, EN DIRECCIÓN A NUESTROS OJOS.

¿Por qué los arcoíris son redondos?

Los arcoíris son una imagen, un reflejo producido por muchas gotas de agua: los rayos entran y salen más o menos del mismo modo, con la misma incidencia y salen con la misma desviación. Un arco es exactamente la figura que consigues si mantienes un ángulo fijo en torno a un punto, por ejemplo con un compás. El centro del arcoíris es el sol o, mejor dicho, el punto opuesto al sol del otro lado del horizonte: en torno a él, como un círculo, nace el arcoíris.

¿DÓNDE ESTÁ EL RESTO DEL ARCO?

La cantidad de arco que vemos depende de nuestra posición respecto al horizonte, de la altitud. Si nos elevamos mucho, por ejemplo en un avión, seremos capaces de ver un arcoíris perfectamente circular.

EN EL MAR, LOS ARCOÍRIS SUELEN SER MÁS BAJOS Y APARECER SOLO AL AMANECER Y A LA PUESTA DEL SOL.

LOS ARCOÍRIS DOBLES

Algunos arcoíris excepcionalmente luminosos pueden producir un arcoíris secundario, resultado del recorrido de los rayos de luz que rebotan dos veces dentro de la gota: el segundo arcoíris aparece sobre el primero, con los colores invertidos gracias al segundo reflejo.

La difracción

La luz se descompone en diferentes colores también de otra manera, llamada difracción: es lo que has hecho con el CD. La difracción se produce cuando una onda pasa a través de un **retículo,** es decir, una superficie microsurcada con las hendiduras a una distancia regular. Al pasar por cada surco, la onda vuelve a comenzar y se superpone a las otras. Si la distancia entre ellas es menor que la longitud de onda, el retículo funciona como un filtro y separa las ondas.

¿DÓNDE ESTÁ EL RETÍCULO EN EL CD?

Las marcas grabadas en un DVD o un CD están a una distancia regular, inferior al milímetro: en este detalle ampliado se distinguen los surcos paralelos y, a la derecha, cada celda grabada (las de la izquierda están aún vacías).

UN RETÍCULO DE DIFRACCIÓN NATURAL

Así es como se presentan las alas de una mariposa multicolor vista al microscopio: son transparentes, pero cuando la luz incide sobre ellas se vuelven de todos los colores, gracias al fenómeno de la difracción, garantizada por el compacto retículo de las ranuras en las escamas.

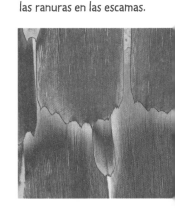

LA IRIDISCENCIA

También hay retículos naturales que aparecen, por ejemplo, en las escamas, las plumas, las alas o el caparazón de diferentes animales, que son tornasolados y brillantes: este fenómeno se llama iridiscencia (del griego *iris,* arcoíris), y es común a las mariposas y otros insectos, los peces y los pájaros.

Otros fenómenos celestes

Si elevas la vista al cielo podrás ver otros fenómenos especiales y coloridos, pero que no son arcoíris.

HALOS

Los halos son fenómenos ópticos que se manifiestan bajo la forma de **anillos de luz** y que se crean por lo general a partir de **cristales de hielo.** Estos cristales son prismas de base hexagonal: por tanto no son redondos como las gotas de agua y la luz rebota con diferentes ángulos, desde un mínimo de unos 22° hasta los 50°. De este modo se crean dos círculos, uno más estrecho y otro más ancho, que le dan al halo su aspecto de disco perforado, con la luz más fuerte hacia el interior, ribeteado de rojo. Tanto la luna como el sol pueden tener halo.

CORONAS

Tanto el sol como la luna pueden estar circundados por una corona completamente luminosa, con matices de colores a los lados: los colores se deben a la refracción de los pequeños cristales de hielo, que pueden ser indicio de que va a hacer mal tiempo.

EL PARHELIO

Algunos halos presentan a derecha y a izquierda del sol (o de la luna), unos pequeños «soles» brillantes, jaspeados con los colores del arcoíris: son los parhelios, que se producen por la refracción de la luz a través de cristales de hielo suspendidos en el aire.

Las auroras polares

Otro fenómeno espectacular que colorea el cielo es el de las auroras polares (respectivamente **boreales** o **australes** según se encuentren sobre el Ártico o el Antártico) que tienen lugar solo en el Polo Norte y en el Polo Sur. En una aurora polar se desarrollan grandes arcos de luz, de color verdoso, a veces con matices de otros colores, y con manchas brillantes.

Arcoíris y auroras se forman por motivos muy diversos: las auroras brillan con luz propia, o sea, son causadas por la interacción de rayos cósmicos con el campo magnético terrestre, y por esto se dan cerca de los polos: es un poco como asistir a una tormenta eléctrica.

UNA IRISACIÓN

Es probable que puedas ver el arcoíris también entre las nubes, sin una forma arqueada: se llaman irisaciones y se crean por nubes recién formadas, en las que gotas y cristales son muy parecidos. Cuando los rayos de luz los atraviesan, hacen un trayecto semejante y la refracción resulta muy evidente.

El mito del arcoíris

El arcoíris ha fascinado al ser humano desde siempre, como una especie de camino o de puente entre la tierra y el cielo.

UN MENSAJE PARA NOÉ

Según la Biblia, cuando Dios decidió detener las lluvias del Diluvio Universal, hizo un pacto con Noé y le envió el arcoíris como mensaje y promesa de que nunca habría un segundo diluvio.

UN MODELO DE JIRAFA SE ASOMA DESDE UNA RÉPLICA A TAMAÑO NATURAL DEL ARCA DE NOÉ, EN UN MUSEO FLOTANTE EN HOLANDA, CERCA DE ROTTERDAM.

EL SENDERO DE IRIS

En la mitología griega, Iris, el arcoíris, es una mensajera de los dioses que con sus alas doradas traía noticias a los hombres.

EL PUENTE DE BIFRÖST

En la mitología escandinava, el arcoíris era un puente que unía los reinos de Asgard y Midgard, donde habitaban respectivamente los dioses y los hombres.

EL CALDERO DE ORO

Según las leyendas celtas, al final del arcoíris hay escondido un caldero de oro: nadie puede desmentir esta leyenda, porque nadie podrá llegar nunca al final del arcoíris… ¡el arcoíris se mueve con nosotros!

Un símbolo moderno

Todavía hoy, el arcoíris es un símbolo lleno de significados de muchos tipos. En la heráldica, la ciencia que estudia los escudos de las ciudades y de las familias, es un augurio de seguridad y prosperidad. También lo encontramos como protagonista de la política: en Europa, el arcoíris tiene los colores de la bandera de la paz (en la foto inferior), mientras que alrededor del mundo los colores del arcoíris han sido patrimonio de movimientos alternativos y de defensa de los derechos.

LA RAINBOW NATION

En 1994, Sudáfrica, con la elección de Nelson Mandela, acabó con un periodo de cincuenta años de política racista tristemente conocida: para lanzar una nueva señal al mundo, la república africana cambió su bandera eligiendo unir todos los colores, por una nación que fuera de verdad de todos, una «rainbow nation», un **estado arcoíris.**

¡TODOS IGUALES, TODOS DIFERENTES!

UN SÍMBOLO DE LIBERTAD

La bandera arcoíris es también el símbolo de los derechos de los homosexuales. De hecho se habla de «familias arcoíris» para indicar los núcleos familiares de todo tipo y de todos los colores.

PARA SEGUIR DESCUBRIENDO...

✔ Juegos

Rain & Rainbow Board Game. Un sencillo juego de
mesa para imprimir y jugar: www.mrprintables.com/rainbow-board-game.html

✔ Web

cloudappreciationsociety.org
Una asociación dedicada a la contemplación de los cielos, con fotos
maravillosas.

✔ Museos y exposiciones

The Rainbow Museum. Un museo *online*,
enteramente dedicado a los arcoíris (¡en inglés!):
www.therainbowmuseum.com

✔ Libros

Nick Arnold, ***Esa deslumbrante luz.*** Molino, 2000.
Un ensayo para jóvenes.

✔ Películas

Los Teleñecos van a Hollywood (1979), el primer
largometraje de los famosos Teleñecos,
que gira en torno a un arcoíris.

¿HA SIDO DIVERTIDO
CONSTRUIR EL ARCOÍRIS?
¡AHORA TE TOCA A TI!
AQUÍ TIENES ALGUNAS IDEAS
PARA NUEVOS
DESCUBRIMIENTOS.